This planner belongs to

# AT A GLANCE

| | JANUARY | FEBRUARY | MARCH | APRIL | MAY | JUNE |
|---|---|---|---|---|---|---|
| 1 | FRI | MON | MON | THU | SAT | TUE |
| 2 | SAT | TUE | TUE | FRI | SUN | WED |
| 3 | SUN | WED | WED | SAT | MON | THU |
| 4 | MON | THU | THU | SUN | TUE | FRI |
| 5 | TUE | FRI | FRI | MON | WED | SAT |
| 6 | WED | SAT | SAT | TUE | THU | SUN |
| 7 | THU | SUN | SUN | WED | FRI | MON |
| 8 | FRI | MON | MON | THU | SAT | TUE |
| 9 | SAT | TUE | TUE | FRI | SUN | WED |
| 10 | SUN | WED | WED | SAT | MON | THU |
| 11 | MON | THU | THU | SUN | TUE | FRI |
| 12 | TUE | FRI | FRI | MON | WED | SAT |
| 13 | WED | SAT | SAT | TUE | THU | SUN |
| 14 | THU | SUN | SUN | WED | FRI | MON |
| 15 | FRI | MON | MON | THU | SAT | TUE |
| 16 | SAT | TUE | TUE | FRI | SUN | WED |
| 17 | SUN | WED | WED | SAT | MON | THU |
| 18 | MON | THU | THU | SUN | TUE | FRI |
| 19 | TUE | FRI | FRI | MON | WED | SAT |
| 20 | WED | SAT | SAT | TUE | THU | SUN |
| 21 | THU | SUN | SUN | WED | FRI | MON |
| 22 | FRI | MON | MON | THU | SAT | TUE |
| 23 | SAT | TUE | TUE | FRI | SUN | WED |
| 24 | SUN | WED | WED | SAT | MON | THU |
| 25 | MON | THU | THU | SUN | TUE | FRI |
| 26 | TUE | FRI | FRI | MON | WED | SAT |
| 27 | WED | SAT | SAT | TUE | THU | SUN |
| 28 | THU | SUN | SUN | WED | FRI | MON |
| 29 | FRI | | MON | THU | SAT | TUE |
| 30 | SAT | | TUE | FRI | SUN | WED |
| 31 | SUN | | WED | | MON | |

# 2021

| JULY | AUGUST | SEPTEMBER | OCTOBER | NOVEMBER | DECEMBER | |
|---|---|---|---|---|---|---|
| THU | SUN | WED | FRI | MON | WED | 1 |
| FRI | MON | THU | SAT | TUE | THU | 2 |
| SAT | TUE | FRI | SUN | WED | FRI | 3 |
| SUN | WED | SAT | MON | THU | SAT | 4 |
| MON | THU | SUN | TUE | FRI | SUN | 5 |
| TUE | FRI | MON | WED | SAT | MON | 6 |
| WED | SAT | TUE | THU | SUN | TUE | 7 |
| THU | SUN | WED | FRI | MON | WED | 8 |
| FRI | MON | THU | SAT | TUE | THU | 9 |
| SAT | TUE | FRI | SUN | WED | FRI | 10 |
| SUN | WED | SAT | MON | THU | SAT | 11 |
| MON | THU | SUN | TUE | FRI | SUN | 12 |
| TUE | FRI | MON | WED | SAT | MON | 13 |
| WED | SAT | TUE | THU | SUN | TUE | 14 |
| THU | SUN | WED | FRI | MON | WED | 15 |
| FRI | MON | THU | SAT | TUE | THU | 16 |
| SAT | TUE | FRI | SUN | WED | FRI | 17 |
| SUN | WED | SAT | MON | THU | SAT | 18 |
| MON | THU | SUN | TUE | FRI | SUN | 19 |
| TUE | FRI | MON | WED | SAT | MON | 20 |
| WED | SAT | TUE | THU | SUN | TUE | 21 |
| THU | SUN | WED | FRI | MON | WED | 22 |
| FRI | MON | THU | SAT | TUE | THU | 23 |
| SAT | TUE | FRI | SUN | WED | FRI | 24 |
| SUN | WED | SAT | MON | THU | SAT | 25 |
| MON | THU | SUN | TUE | FRI | SUN | 26 |
| TUE | FRI | MON | WED | SAT | MON | 27 |
| WED | SAT | TUE | THU | SUN | TUE | 28 |
| THU | SUN | WED | FRI | MON | WED | 29 |
| FRI | MON | THU | SAT | TUE | THU | 30 |
| SAT | TUE | | SUN | | FRI | 31 |

# AT A GLANCE

| | JANUARY | FEBRUARY | MARCH | APRIL | MAY | JUNE |
|---|---|---|---|---|---|---|
| 1 | SAT | TUE | TUE | FRI | SUN | WED |
| 2 | SUN | WED | WED | SAT | MON | THU |
| 3 | MON | THU | THU | SUN | TUE | FRI |
| 4 | TUE | FRI | FRI | MON | WED | SAT |
| 5 | WED | SAT | SAT | TUE | THU | SUN |
| 6 | THU | SUN | SUN | WED | FRI | MON |
| 7 | FRI | MON | MON | THU | SAT | TUE |
| 8 | SAT | TUE | TUE | FRI | SUN | WED |
| 9 | SUN | WED | WED | SAT | MON | THU |
| 10 | MON | THU | THU | SUN | TUE | FRI |
| 11 | TUE | FRI | FRI | MON | WED | SAT |
| 12 | WED | SAT | SAT | TUE | THU | SUN |
| 13 | THU | SUN | SUN | WED | FRI | MON |
| 14 | FRI | MON | MON | THU | SAT | TUE |
| 15 | SAT | TUE | TUE | FRI | SUN | WED |
| 16 | SUN | WED | WED | SAT | MON | THU |
| 17 | MON | THU | THU | SUN | TUE | FRI |
| 18 | TUE | FRI | FRI | MON | WED | SAT |
| 19 | WED | SAT | SAT | TUE | THU | SUN |
| 20 | THU | SUN | SUN | WED | FRI | MON |
| 21 | FRI | MON | MON | THU | SAT | TUE |
| 22 | SAT | TUE | TUE | FRI | SUN | WED |
| 23 | SUN | WED | WED | SAT | MON | THU |
| 24 | MON | THU | THU | SUN | TUE | FRI |
| 25 | TUE | FRI | FRI | MON | WED | SAT |
| 26 | WED | SAT | SAT | TUE | THU | SUN |
| 27 | THU | SUN | SUN | WED | FRI | MON |
| 28 | FRI | MON | MON | THU | SAT | TUE |
| 29 | SAT | | TUE | FRI | SUN | WED |
| 30 | SUN | | WED | SAT | MON | THU |
| 31 | MON | | THU | | TUE | |

# 2022

| JULY | AUGUST | SEPTEMBER | OCTOBER | NOVEMBER | DECEMBER | |
|---|---|---|---|---|---|---|
| FRI | MON | THU | SAT | TUE | THU | 1 |
| SAT | TUE | FRI | SUN | WED | FRI | 2 |
| SUN | WED | SAT | MON | THU | SAT | 3 |
| MON | THU | SUN | TUE | FRI | SUN | 4 |
| TUE | FRI | MON | WED | SAT | MON | 5 |
| WED | SAT | TUE | THU | SUN | TUE | 6 |
| THU | SUN | WED | FRI | MON | WED | 7 |
| FRI | MON | THU | SAT | TUE | THU | 8 |
| SAT | TUE | FRI | SUN | WED | FRI | 9 |
| SUN | WED | SAT | MON | THU | SAT | 10 |
| MON | THU | SUN | TUE | FRI | SUN | 11 |
| TUE | FRI | MON | WED | SAT | MON | 12 |
| WED | SAT | TUE | THU | SUN | TUE | 13 |
| THU | SUN | WED | FRI | MON | WED | 14 |
| FRI | MON | THU | SAT | TUE | THU | 15 |
| SAT | TUE | FRI | SUN | WED | FRI | 16 |
| SUN | WED | SAT | MON | THU | SAT | 17 |
| MON | THU | SUN | TUE | FRI | SUN | 18 |
| TUE | FRI | MON | WED | SAT | MON | 19 |
| WED | SAT | TUE | THU | SUN | TUE | 20 |
| THU | SUN | WED | FRI | MON | WED | 21 |
| FRI | MON | THU | SAT | TUE | THU | 22 |
| SAT | TUE | FRI | SUN | WED | FRI | 23 |
| SUN | WED | SAT | MON | THU | SAT | 24 |
| MON | THU | SUN | TUE | FRI | SUN | 25 |
| TUE | FRI | MON | WED | SAT | MON | 26 |
| WED | SAT | TUE | THU | SUN | TUE | 27 |
| THU | SUN | WED | FRI | MON | WED | 28 |
| FRI | MON | THU | SAT | TUE | THU | 29 |
| SAT | TUE | FRI | SUN | WED | FRI | 30 |
| SUN | WED | | MON | | SAT | 31 |

28 MONDAY

29 TUESDAY

30 WEDNESDAY

31 THURSDAY

# DECEMBER 2020 / JANUARY 2021

**WK 53**

## 1 FRIDAY

## 2 SATURDAY

## 3 SUNDAY

*Notes*

*To-Do*

○
○
○
○
○
○
○
○
○
○
○
○
○

| M | T | W | T | F | S | S |
|---|---|---|---|---|---|---|
| | | | | 1 | 2 | 3 |
| 4 | 5 | 6 | 7 | 8 | 9 | 10 |
| 11 | 12 | 13 | 14 | 15 | 16 | 17 |
| 18 | 19 | 20 | 21 | 22 | 23 | 24 |
| 25 | 26 | 27 | 28 | 29 | 30 | 31 |

## 4 MONDAY

## 5 TUESDAY

## 6 WEDNESDAY

## 7 THURSDAY

JANUARY

WK 1

8 FRIDAY

9 SATURDAY

10 SUNDAY

*Notes*

*To-Do*

| M | T | W | T | F | S | S |
|---|---|---|---|---|---|---|
| | | | | 1 | 2 | 3 |
| 4 | 5 | 6 | 7 | 8 | 9 | 10 |
| 11 | 12 | 13 | 14 | 15 | 16 | 17 |
| 18 | 19 | 20 | 21 | 22 | 23 | 24 |
| 25 | 26 | 27 | 28 | 29 | 30 | 31 |

11 MONDAY

12 TUESDAY

13 WEDNESDAY

14 THURSDAY

## 15 FRIDAY

## 16 SATURDAY

## 17 SUNDAY

*Notes*

*To-Do*

| M | T | W | T | F | S | S |
|---|---|---|---|---|---|---|
| | | | | 1 | 2 | 3 |
| 4 | 5 | 6 | 7 | 8 | 9 | 10 |
| 11 | 12 | 13 | 14 | 15 | 16 | 17 |
| 18 | 19 | 20 | 21 | 22 | 23 | 24 |
| 25 | 26 | 27 | 28 | 29 | 30 | 31 |

18 MONDAY

19 TUESDAY

20 WEDNESDAY

21 THURSDAY

## 22 FRIDAY

## 23 SATURDAY

## 24 SUNDAY

*Notes*

*To-Do*

| M | T | W | T | F | S | S |
|---|---|---|---|---|---|---|
| | | | | 1 | 2 | 3 |
| 4 | 5 | 6 | 7 | 8 | 9 | 10 |
| 11 | 12 | 13 | 14 | 15 | 16 | 17 |
| 18 | 19 | 20 | 21 | 22 | 23 | 24 |
| 25 | 26 | 27 | 28 | 29 | 30 | 31 |

## 25 MONDAY

## 26 TUESDAY

## 27 WEDNESDAY

## 28 THURSDAY

JANUARY

WK 4

## 29 FRIDAY

## 30 SATURDAY

## 31 SUNDAY

*Notes*

*To-Do*

- ○
- ○
- ○
- ○
- ○
- ○
- ○
- ○
- ○
- ○
- ○
- ○
- ○

| M | T | W | T | F | S | S |
|---|---|---|---|---|---|---|
| | | | | 1 | 2 | 3 |
| 4 | 5 | 6 | 7 | 8 | 9 | 10 |
| 11 | 12 | 13 | 14 | 15 | 16 | 17 |
| 18 | 19 | 20 | 21 | 22 | 23 | 24 |
| 25 | 26 | 27 | 28 | 29 | 30 | 31 |

1 MONDAY

2 TUESDAY

3 WEDNESDAY

4 THURSDAY

FEBRUARY

WK 5

5 FRIDAY

6 SATURDAY

7 SUNDAY

*Notes*

*To-Do*

| M | T | W | T | F | S | S |
|---|---|---|---|---|---|---|
| 1 | 2 | 3 | 4 | 5 | 6 | 7 |
| 8 | 9 | 10 | 11 | 12 | 13 | 14 |
| 15 | 16 | 17 | 18 | 19 | 20 | 21 |
| 22 | 23 | 24 | 25 | 26 | 27 | 28 |

8 MONDAY

9 TUESDAY

10 WEDNESDAY

11 THURSDAY

FEBRUARY

WK 6

## 12 FRIDAY

## 13 SATURDAY

## 14 SUNDAY

*Notes*

*To-Do*

○
○
○
○
○
○
○
○
○
○
○
○
○

| M | T | W | T | F | S | S |
|---|---|---|---|---|---|---|
| 1 | 2 | 3 | 4 | 5 | 6 | 7 |
| 8 | 9 | 10 | 11 | 12 | 13 | 14 |
| 15 | 16 | 17 | 18 | 19 | 20 | 21 |
| 22 | 23 | 24 | 25 | 26 | 27 | 28 |

15 MONDAY

16 TUESDAY

17 WEDNESDAY

18 THURSDAY

## 19 FRIDAY

## 20 SATURDAY

## 21 SUNDAY

*Notes*

*To-Do*

○
○
○
○
○
○
○
○
○
○
○
○
○

| M | T | W | T | F | S | S |
|---|---|---|---|---|---|---|
| 1 | 2 | 3 | 4 | 5 | 6 | 7 |
| 8 | 9 | 10 | 11 | 12 | 13 | 14 |
| 15 | 16 | 17 | 18 | 19 | 20 | 21 |
| 22 | 23 | 24 | 25 | 26 | 27 | 28 |

## 22 MONDAY

## 23 TUESDAY

## 24 WEDNESDAY

## 25 THURSDAY

## 26 FRIDAY

## 27 SATURDAY

## 28 SUNDAY

Notes

To-Do

- ○
- ○
- ○
- ○
- ○
- ○
- ○
- ○
- ○
- ○
- ○
- ○
- ○

| M | T | W | T | F | S | S |
|---|---|---|---|---|---|---|
| 1 | 2 | 3 | 4 | 5 | 6 | 7 |
| 8 | 9 | 10 | 11 | 12 | 13 | 14 |
| 15 | 16 | 17 | 18 | 19 | 20 | 21 |
| 22 | 23 | 24 | 25 | 26 | 27 | 28 |

1 MONDAY

2 TUESDAY

3 WEDNESDAY

4 THURSDAY

MARCH

WK 9

5 FRIDAY

6 SATURDAY

7 SUNDAY

*Notes*

*To-Do*

○
○
○
○
○
○
○
○
○
○
○
○
○

| M | T | W | T | F | S | S |
|---|---|---|---|---|---|---|
| 1 | 2 | 3 | 4 | 5 | 6 | 7 |
| 8 | 9 | 10 | 11 | 12 | 13 | 14 |
| 15 | 16 | 17 | 18 | 19 | 20 | 21 |
| 22 | 23 | 24 | 25 | 26 | 27 | 28 |
| 29 | 30 | 31 | | | | |

8 MONDAY

9 TUESDAY

10 WEDNESDAY

11 THURSDAY

MARCH

WK 10

## 12 FRIDAY

## 13 SATURDAY

## 14 SUNDAY

*Notes*

*To-Do*

○
○
○
○
○
○
○
○
○
○
○
○
○

| M | T | W | T | F | S | S |
|---|---|---|---|---|---|---|
| 1 | 2 | 3 | 4 | 5 | 6 | 7 |
| 8 | 9 | 10 | 11 | 12 | 13 | 14 |
| 15 | 16 | 17 | 18 | 19 | 20 | 21 |
| 22 | 23 | 24 | 25 | 26 | 27 | 28 |
| 29 | 30 | 31 | | | | |

15 MONDAY

16 TUESDAY

17 WEDNESDAY

18 THURSDAY

MARCH

WK 11

19 FRIDAY

20 SATURDAY

21 SUNDAY

Notes

To-Do

○
○
○
○
○
○
○
○
○
○
○
○
○

| M | T | W | T | F | S | S |
|---|---|---|---|---|---|---|
| 1 | 2 | 3 | 4 | 5 | 6 | 7 |
| 8 | 9 | 10 | 11 | 12 | 13 | 14 |
| 15 | 16 | 17 | 18 | 19 | 20 | 21 |
| 22 | 23 | 24 | 25 | 26 | 27 | 28 |
| 29 | 30 | 31 | | | | |

22 MONDAY

23 TUESDAY

24 WEDNESDAY

25 THURSDAY

MARCH

WK 12

## 26 FRIDAY

## 27 SATURDAY

## 28 SUNDAY

*Notes*

*To-Do*

○
○
○
○
○
○
○
○
○
○
○
○
○

| M | T | W | T | F | S | S |
|---|---|---|---|---|---|---|
| 1 | 2 | 3 | 4 | 5 | 6 | 7 |
| 8 | 9 | 10 | 11 | 12 | 13 | 14 |
| 15 | 16 | 17 | 18 | 19 | 20 | 21 |
| 22 | 23 | 24 | 25 | 26 | 27 | 28 |
| 29 | 30 | 31 | | | | |

29 MONDAY

30 TUESDAY

31 WEDNESDAY

1 THURSDAY

APRIL

WK 13

## 2 FRIDAY

## 3 SATURDAY

## 4 SUNDAY

*Notes*

*To-Do*

| M | T | W | T | F | S | S |
|---|---|---|---|---|---|---|
| | | | 1 | 2 | 3 | 4 |
| 5 | 6 | 7 | 8 | 9 | 10 | 11 |
| 12 | 13 | 14 | 15 | 16 | 17 | 18 |
| 19 | 20 | 21 | 22 | 23 | 24 | 25 |
| 26 | 27 | 28 | 29 | 30 | | |

5 MONDAY

6 TUESDAY

7 WEDNESDAY

8 THURSDAY

APRIL

WK 14

9 FRIDAY

10 SATURDAY

11 SUNDAY

*Notes*

*To-Do*

| M | T | W | T | F | S | S |
|---|---|---|---|---|---|---|
| | | | 1 | 2 | 3 | 4 |
| 5 | 6 | 7 | 8 | 9 | 10 | 11 |
| 12 | 13 | 14 | 15 | 16 | 17 | 18 |
| 19 | 20 | 21 | 22 | 23 | 24 | 25 |
| 26 | 27 | 28 | 29 | 30 | | |

12 MONDAY

13 TUESDAY

14 WEDNESDAY

15 THURSDAY

APRIL
WK 15

## 16 FRIDAY

## 17 SATURDAY

## 18 SUNDAY

*Notes*

*To-Do*

| M | T | W | T | F | S | S |
|---|---|---|---|---|---|---|
| | | | 1 | 2 | 3 | 4 |
| 5 | 6 | 7 | 8 | 9 | 10 | 11 |
| 12 | 13 | 14 | 15 | 16 | 17 | 18 |
| 19 | 20 | 21 | 22 | 23 | 24 | 25 |
| 26 | 27 | 28 | 29 | 30 | | |

19 MONDAY

20 TUESDAY

21 WEDNESDAY

22 THURSDAY

APRIL
WK 16

## 23 FRIDAY

## 24 SATURDAY

## 25 SUNDAY

*Notes*

*To-Do*

○
○
○
○
○
○
○
○
○
○
○
○
○

| M | T | W | T | F | S | S |
|---|---|---|---|---|---|---|
| | | | 1 | 2 | 3 | 4 |
| 5 | 6 | 7 | 8 | 9 | 10 | 11 |
| 12 | 13 | 14 | 15 | 16 | 17 | 18 |
| 19 | 20 | 21 | 22 | 23 | 24 | 25 |
| 26 | 27 | 28 | 29 | 30 | | |

26 MONDAY

27 TUESDAY

28 WEDNESDAY

29 THURSDAY

APRIL

WK 17

## 30 FRIDAY

## 1 SATURDAY

## 2 SUNDAY

*Notes*

*To-Do*

○

○

○

○

○

○

○

○

○

○

○

○

○

| M | T | W | T | F | S | S |
|---|---|---|---|---|---|---|
| | | | 1 | 2 | 3 | 4 |
| 5 | 6 | 7 | 8 | 9 | 10 | 11 |
| 12 | 13 | 14 | 15 | 16 | 17 | 18 |
| 19 | 20 | 21 | 22 | 23 | 24 | 25 |
| 26 | 27 | 28 | 29 | 30 | | |

3 MONDAY

4 TUESDAY

5 WEDNESDAY

6 THURSDAY

MAY

WK 18

7 FRIDAY

8 SATURDAY

9 SUNDAY

*Notes*

*To-Do*

○
○
○
○
○
○
○
○
○
○
○
○
○

| M | T | W | T | F | S | S |
|---|---|---|---|---|---|---|
| | | | | | 1 | 2 |
| 3 | 4 | 5 | 6 | 7 | 8 | 9 |
| 10 | 11 | 12 | 13 | 14 | 15 | 16 |
| 17 | 18 | 19 | 20 | 21 | 22 | 23 |
| 24 | 25 | 26 | 27 | 28 | 29 | 30 |
| 31 | | | | | | |

10 MONDAY

11 TUESDAY

12 WEDNESDAY

13 THURSDAY

MAY

WK 19

## 14 FRIDAY

## 15 SATURDAY

## 16 SUNDAY

*Notes*

*To-Do*

| M | T | W | T | F | S | S |
|---|---|---|---|---|---|---|
| | | | | | 1 | 2 |
| 3 | 4 | 5 | 6 | 7 | 8 | 9 |
| 10 | 11 | 12 | 13 | 14 | 15 | 16 |
| 17 | 18 | 19 | 20 | 21 | 22 | 23 |
| 24 | 25 | 26 | 27 | 28 | 29 | 30 |
| 31 | | | | | | |

17 MONDAY

18 TUESDAY

19 WEDNESDAY

20 THURSDAY

MAY

WK 20

## 21 FRIDAY

## 22 SATURDAY

## 23 SUNDAY

Notes

To-Do

| M | T | W | T | F | S | S |
|---|---|---|---|---|---|---|
| | | | | | 1 | 2 |
| 3 | 4 | 5 | 6 | 7 | 8 | 9 |
| 10 | 11 | 12 | 13 | 14 | 15 | 16 |
| 17 | 18 | 19 | 20 | 21 | 22 | 23 |
| 24 | 25 | 26 | 27 | 28 | 29 | 30 |
| 31 | | | | | | |

## 24 MONDAY

## 25 TUESDAY

## 26 WEDNESDAY

## 27 THURSDAY

MAY

WK 21

# 28 FRIDAY

# 29 SATURDAY

# 30 SUNDAY

*Notes*

*To-Do*

○
○
○
○
○
○
○
○
○
○
○
○
○

| M | T | W | T | F | S | S |
|---|---|---|---|---|---|---|
| | | | | | 1 | 2 |
| 3 | 4 | 5 | 6 | 7 | 8 | 9 |
| 10 | 11 | 12 | 13 | 14 | 15 | 16 |
| 17 | 18 | 19 | 20 | 21 | 22 | 23 |
| 24 | 25 | 26 | 27 | 28 | 29 | 30 |
| 31 | | | | | | |

31 MONDAY

1 TUESDAY

2 WEDNESDAY

3 THURSDAY

JUNE

WK 22

4 FRIDAY

5 SATURDAY

6 SUNDAY

*Notes*

*To-Do*

○
○
○
○
○
○
○
○
○
○
○
○
○

| M | T | W | T | F | S | S |
|---|---|---|---|---|---|---|
| | 1 | 2 | 3 | 4 | 5 | 6 |
| 7 | 8 | 9 | 10 | 11 | 12 | 13 |
| 14 | 15 | 16 | 17 | 18 | 19 | 20 |
| 21 | 22 | 23 | 24 | 25 | 26 | 27 |
| 28 | 29 | 30 | | | | |

7 MONDAY

8 TUESDAY

9 WEDNESDAY

10 THURSDAY

JUNE

WK 23

## 11 FRIDAY

## 12 SATURDAY

## 13 SUNDAY

*Notes*

*To-Do*

○
○
○
○
○
○
○
○
○
○
○
○
○

| M | T | W | T | F | S | S |
|---|---|---|---|---|---|---|
| | 1 | 2 | 3 | 4 | 5 | 6 |
| 7 | 8 | 9 | 10 | 11 | 12 | 13 |
| 14 | 15 | 16 | 17 | 18 | 19 | 20 |
| 21 | 22 | 23 | 24 | 25 | 26 | 27 |
| 28 | 29 | 30 | | | | |

14 MONDAY

15 TUESDAY

16 WEDNESDAY

17 THURSDAY

JUNE

WK 24

## 18 FRIDAY

## 19 SATURDAY

## 20 SUNDAY

*Notes*

*To-Do*

○

○

○

○

○

○

○

○

○

○

○

○

○

| M | T | W | T | F | S | S |
|---|---|---|---|---|---|---|
| | 1 | 2 | 3 | 4 | 5 | 6 |
| 7 | 8 | 9 | 10 | 11 | 12 | 13 |
| 14 | 15 | 16 | 17 | 18 | 19 | 20 |
| 21 | 22 | 23 | 24 | 25 | 26 | 27 |
| 28 | 29 | 30 | | | | |

21 MONDAY

22 TUESDAY

23 WEDNESDAY

24 THURSDAY

JUNE

WK 25

## 25 FRIDAY

## 26 SATURDAY

## 27 SUNDAY

*Notes*

*To-Do*

○
○
○
○
○
○
○
○
○
○
○
○
○

| M | T | W | T | F | S | S |
|---|---|---|---|---|---|---|
| | 1 | 2 | 3 | 4 | 5 | 6 |
| 7 | 8 | 9 | 10 | 11 | 12 | 13 |
| 14 | 15 | 16 | 17 | 18 | 19 | 20 |
| 21 | 22 | 23 | 24 | 25 | 26 | 27 |
| 28 | 29 | 30 | | | | |

28 MONDAY

29 TUESDAY

30 WEDNESDAY

1 THURSDAY

JULY

WK 26

## 2 FRIDAY

## 3 SATURDAY

## 4 SUNDAY

*Notes*

*To-Do*

○
○
○
○
○
○
○
○
○
○
○
○
○

| M | T | W | T | F | S | S |
|---|---|---|---|---|---|---|
| | | | 1 | 2 | 3 | 4 |
| 5 | 6 | 7 | 8 | 9 | 10 | 11 |
| 12 | 13 | 14 | 15 | 16 | 17 | 18 |
| 19 | 20 | 21 | 22 | 23 | 24 | 25 |
| 26 | 27 | 28 | 29 | 30 | 31 | |

5 MONDAY

6 TUESDAY

7 WEDNESDAY

8 THURSDAY

JULY

WK 27

9 FRIDAY

10 SATURDAY

11 SUNDAY

*Notes*

*To-Do*

| M | T | W | T | F | S | S |
|---|---|---|---|---|---|---|
| | | | 1 | 2 | 3 | 4 |
| 5 | 6 | 7 | 8 | 9 | 10 | 11 |
| 12 | 13 | 14 | 15 | 16 | 17 | 18 |
| 19 | 20 | 21 | 22 | 23 | 24 | 25 |
| 26 | 27 | 28 | 29 | 30 | 31 | |

## 12 MONDAY

## 13 TUESDAY

## 14 WEDNESDAY

## 15 THURSDAY

JULY

WK 28

## 16 FRIDAY

## 17 SATURDAY

## 18 SUNDAY

*Notes*

*To-Do*

○
○
○
○
○
○
○
○
○
○
○
○
○

| M | T | W | T | F | S | S |
|---|---|---|---|---|---|---|
| | | | 1 | 2 | 3 | 4 |
| 5 | 6 | 7 | 8 | 9 | 10 | 11 |
| 12 | 13 | 14 | 15 | 16 | 17 | 18 |
| 19 | 20 | 21 | 22 | 23 | 24 | 25 |
| 26 | 27 | 28 | 29 | 30 | 31 | |

19 MONDAY

20 TUESDAY

21 WEDNESDAY

22 THURSDAY

JULY

WK 29

## 23 FRIDAY

## 24 SATURDAY

## 25 SUNDAY

*Notes*

*To-Do*

| M | T | W | T | F | S | S |
|---|---|---|---|---|---|---|
| | | | 1 | 2 | 3 | 4 |
| 5 | 6 | 7 | 8 | 9 | 10 | 11 |
| 12 | 13 | 14 | 15 | 16 | 17 | 18 |
| 19 | 20 | 21 | 22 | 23 | 24 | 25 |
| 26 | 27 | 28 | 29 | 30 | 31 | |

## 26 MONDAY

## 27 TUESDAY

## 28 WEDNESDAY

## 29 THURSDAY

JULY

WK 30

30 FRIDAY

31 SATURDAY

1 SUNDAY

*Notes*

*To-Do*

| M | T | W | T | F | S | S |
|---|---|---|---|---|---|---|
| | | | 1 | 2 | 3 | 4 |
| 5 | 6 | 7 | 8 | 9 | 10 | 11 |
| 12 | 13 | 14 | 15 | 16 | 17 | 18 |
| 19 | 20 | 21 | 22 | 23 | 24 | 25 |
| 26 | 27 | 28 | 29 | 30 | 31 | |

2 MONDAY

3 TUESDAY

4 WEDNESDAY

5 THURSDAY

AUGUST

WK 31

6 FRIDAY

7 SATURDAY

8 SUNDAY

*Notes*

*To-Do*

○
○
○
○
○
○
○
○
○
○
○
○
○

| M | T | W | T | F | S | S |
|---|---|---|---|---|---|---|
| | | | | | | 1 |
| 2 | 3 | 4 | 5 | 6 | 7 | 8 |
| 9 | 10 | 11 | 12 | 13 | 14 | 15 |
| 16 | 17 | 18 | 19 | 20 | 21 | 22 |
| 23 | 24 | 25 | 26 | 27 | 28 | 29 |
| 30 | 31 | | | | | |

9 MONDAY

10 TUESDAY

11 WEDNESDAY

12 THURSDAY

AUGUST

WK 32

## 13 FRIDAY

## 14 SATURDAY

## 15 SUNDAY

*Notes*

*To-Do*

○
○
○
○
○
○
○
○
○
○
○
○
○

| M | T | W | T | F | S | S |
|---|---|---|---|---|---|---|
| | | | | | | 1 |
| 2 | 3 | 4 | 5 | 6 | 7 | 8 |
| 9 | 10 | 11 | 12 | 13 | 14 | 15 |
| 16 | 17 | 18 | 19 | 20 | 21 | 22 |
| 23 | 24 | 25 | 26 | 27 | 28 | 29 |
| 30 | 31 | | | | | |

16 MONDAY

17 TUESDAY

18 WEDNESDAY

19 THURSDAY

AUGUST

WK 33

## 20 FRIDAY

## 21 SATURDAY

## 22 SUNDAY

*Notes*

*To-Do*

| M | T | W | T | F | S | S |
|---|---|---|---|---|---|---|
| | | | | | | 1 |
| 2 | 3 | 4 | 5 | 6 | 7 | 8 |
| 9 | 10 | 11 | 12 | 13 | 14 | 15 |
| 16 | 17 | 18 | 19 | 20 | 21 | 22 |
| 23 | 24 | 25 | 26 | 27 | 28 | 29 |
| 30 | 31 | | | | | |

23 MONDAY

24 TUESDAY

25 WEDNESDAY

26 THURSDAY

AUGUST

WK 34

27 FRIDAY

28 SATURDAY

29 SUNDAY

*Notes*

*To-Do*

○
○
○
○
○
○
○
○
○
○
○
○
○

| M | T | W | T | F | S | S |
|---|---|---|---|---|---|---|
| | | | | | | 1 |
| 2 | 3 | 4 | 5 | 6 | 7 | 8 |
| 9 | 10 | 11 | 12 | 13 | 14 | 15 |
| 16 | 17 | 18 | 19 | 20 | 21 | 22 |
| 23 | 24 | 25 | 26 | 27 | 28 | 29 |
| 30 | 31 | | | | | |

30 MONDAY

31 TUESDAY

1 WEDNESDAY

2 THURSDAY

SEPTEMBER

WK 35

## 3 FRIDAY

## 4 SATURDAY

## 5 SUNDAY

Notes

To-Do

○
○
○
○
○
○
○
○
○
○
○
○
○

| M | T | W | T | F | S | S |
|---|---|---|---|---|---|---|
| | | 1 | 2 | 3 | 4 | 5 |
| 6 | 7 | 8 | 9 | 10 | 11 | 12 |
| 13 | 14 | 15 | 16 | 17 | 18 | 19 |
| 20 | 21 | 22 | 23 | 24 | 25 | 26 |
| 27 | 28 | 29 | 30 | | | |

## 6 MONDAY

## 7 TUESDAY

## 8 WEDNESDAY

## 9 THURSDAY

# SEPTEMBER

## WK 36

## 10 FRIDAY

## 11 SATURDAY

## 12 SUNDAY

*Notes*

*To-Do*

○
○
○
○
○
○
○
○
○
○
○
○
○

| M | T | W | T | F | S | S |
|---|---|---|---|---|---|---|
| | | 1 | 2 | 3 | 4 | 5 |
| 6 | 7 | 8 | 9 | 10 | 11 | 12 |
| 13 | 14 | 15 | 16 | 17 | 18 | 19 |
| 20 | 21 | 22 | 23 | 24 | 25 | 26 |
| 27 | 28 | 29 | 30 | | | |

13 MONDAY

14 TUESDAY

15 WEDNESDAY

16 THURSDAY

SEPTEMBER

WK 37

## 17 FRIDAY

## 18 SATURDAY

## 19 SUNDAY

*Notes*

*To-Do*

○
○
○
○
○
○
○
○
○
○
○
○
○

| M | T | W | T | F | S | S |
|---|---|---|---|---|---|---|
| | | 1 | 2 | 3 | 4 | 5 |
| 6 | 7 | 8 | 9 | 10 | 11 | 12 |
| 13 | 14 | 15 | 16 | 17 | 18 | 19 |
| 20 | 21 | 22 | 23 | 24 | 25 | 26 |
| 27 | 28 | 29 | 30 | | | |

20 MONDAY

21 TUESDAY

22 WEDNESDAY

23 THURSDAY

SEPTEMBER

WK 38

## 24 FRIDAY

## 25 SATURDAY

## 26 SUNDAY

*Notes*

*To-Do*

○
○
○
○
○
○
○
○
○
○
○
○
○

| M | T | W | T | F | S | S |
|---|---|---|---|---|---|---|
| | | 1 | 2 | 3 | 4 | 5 |
| 6 | 7 | 8 | 9 | 10 | 11 | 12 |
| 13 | 14 | 15 | 16 | 17 | 18 | 19 |
| 20 | 21 | 22 | 23 | 24 | 25 | 26 |
| 27 | 28 | 29 | 30 | | | |

## 27 MONDAY

## 28 TUESDAY

## 29 WEDNESDAY

## 30 THURSDAY

OCTOBER

WK 39

1 FRIDAY

2 SATURDAY

3 SUNDAY

Notes

To-Do

| M | T | W | T | F | S | S |
|---|---|---|---|---|---|---|
| | | | | 1 | 2 | 3 |
| 4 | 5 | 6 | 7 | 8 | 9 | 10 |
| 11 | 12 | 13 | 14 | 15 | 16 | 17 |
| 18 | 19 | 20 | 21 | 22 | 23 | 24 |
| 25 | 26 | 27 | 28 | 29 | 30 | 31 |

4 MONDAY

5 TUESDAY

6 WEDNESDAY

7 THURSDAY

OCTOBER

WK 40

8 FRIDAY

9 SATURDAY

10 SUNDAY

*Notes*

*To-Do*

- ○
- ○
- ○
- ○
- ○
- ○
- ○
- ○
- ○
- ○
- ○
- ○
- ○

| M | T | W | T | F | S | S |
|---|---|---|---|---|---|---|
| | | | | 1 | 2 | 3 |
| 4 | 5 | 6 | 7 | 8 | 9 | 10 |
| 11 | 12 | 13 | 14 | 15 | 16 | 17 |
| 18 | 19 | 20 | 21 | 22 | 23 | 24 |
| 25 | 26 | 27 | 28 | 29 | 30 | 31 |

11 MONDAY

12 TUESDAY

13 WEDNESDAY

14 THURSDAY

OCTOBER

WK 41

15 FRIDAY

16 SATURDAY

17 SUNDAY

*Notes*

*To-Do*

○
○
○
○
○
○
○
○
○
○
○
○
○

| M | T | W | T | F | S | S |
|---|---|---|---|---|---|---|
| | | | | 1 | 2 | 3 |
| 4 | 5 | 6 | 7 | 8 | 9 | 10 |
| 11 | 12 | 13 | 14 | 15 | 16 | 17 |
| 18 | 19 | 20 | 21 | 22 | 23 | 24 |
| 25 | 26 | 27 | 28 | 29 | 30 | 31 |

## 18 MONDAY

## 19 TUESDAY

## 20 WEDNESDAY

## 21 THURSDAY

## 22 FRIDAY

## 23 SATURDAY

## 24 SUNDAY

*Notes*

*To-Do*

○
○
○
○
○
○
○
○
○
○
○
○
○

| M | T | W | T | F | S | S |
|---|---|---|---|---|---|---|
| | | | | 1 | 2 | 3 |
| 4 | 5 | 6 | 7 | 8 | 9 | 10 |
| 11 | 12 | 13 | 14 | 15 | 16 | 17 |
| 18 | 19 | 20 | 21 | 22 | 23 | 24 |
| 25 | 26 | 27 | 28 | 29 | 30 | 31 |

25 MONDAY

26 TUESDAY

27 WEDNESDAY

28 THURSDAY

OCTOBER

WK 43

## 29 FRIDAY

## 30 SATURDAY

## 31 SUNDAY

*Notes*

*To-Do*

- ○
- ○
- ○
- ○
- ○
- ○
- ○
- ○
- ○
- ○
- ○
- ○
- ○

| M | T | W | T | F | S | S |
|---|---|---|---|---|---|---|
| | | | | 1 | 2 | 3 |
| 4 | 5 | 6 | 7 | 8 | 9 | 10 |
| 11 | 12 | 13 | 14 | 15 | 16 | 17 |
| 18 | 19 | 20 | 21 | 22 | 23 | 24 |
| 25 | 26 | 27 | 28 | 29 | 30 | 31 |

1 MONDAY

2 TUESDAY

3 WEDNESDAY

4 THURSDAY

NOVEMBER

WK 44

## 5 FRIDAY

## 6 SATURDAY

## 7 SUNDAY

*Notes*

*To-Do*

○
○
○
○
○
○
○
○
○
○
○
○
○

| M | T | W | T | F | S | S |
|---|---|---|---|---|---|---|
| 1 | 2 | 3 | 4 | 5 | 6 | 7 |
| 8 | 9 | 10 | 11 | 12 | 13 | 14 |
| 15 | 16 | 17 | 18 | 19 | 20 | 21 |
| 22 | 23 | 24 | 25 | 26 | 27 | 28 |
| 29 | 30 | | | | | |

8 MONDAY

9 TUESDAY

10 WEDNESDAY

11 THURSDAY

NOVEMBER

WK 45

## 12 FRIDAY

## 13 SATURDAY

## 14 SUNDAY

*Notes*

*To-Do*

| M | T | W | T | F | S | S |
|---|---|---|---|---|---|---|
| 1 | 2 | 3 | 4 | 5 | 6 | 7 |
| 8 | 9 | 10 | 11 | 12 | 13 | 14 |
| 15 | 16 | 17 | 18 | 19 | 20 | 21 |
| 22 | 23 | 24 | 25 | 26 | 27 | 28 |
| 29 | 30 | | | | | |

15 MONDAY

16 TUESDAY

17 WEDNESDAY

18 THURSDAY

NOVEMBER

WK 46

## 19 FRIDAY

## 20 SATURDAY

## 21 SUNDAY

*Notes*

*To-Do*

○
○
○
○
○
○
○
○
○
○
○
○
○

| M | T | W | T | F | S | S |
|---|---|---|---|---|---|---|
| 1 | 2 | 3 | 4 | 5 | 6 | 7 |
| 8 | 9 | 10 | 11 | 12 | 13 | 14 |
| 15 | 16 | 17 | 18 | 19 | 20 | 21 |
| 22 | 23 | 24 | 25 | 26 | 27 | 28 |
| 29 | 30 | | | | | |

## 22 MONDAY

## 23 TUESDAY

## 24 WEDNESDAY

## 25 THURSDAY

NOVEMBER

WK 47

## 26 FRIDAY

## 27 SATURDAY

## 28 SUNDAY

*Notes*

*To-Do*

| M | T | W | T | F | S | S |
|---|---|---|---|---|---|---|
| | | 1 | 2 | 3 | 4 | 5 |
| 6 | 7 | 8 | 9 | 10 | 11 | 12 |
| 13 | 14 | 15 | 16 | 17 | 18 | 19 |
| 20 | 21 | 22 | 23 | 24 | 25 | 26 |
| 27 | 28 | 29 | 30 | 31 | | |

29 MONDAY

30 TUESDAY

1 WEDNESDAY

2 THURSDAY

DECEMBER

WK 48

3 FRIDAY

4 SATURDAY

5 SUNDAY

Notes

To-Do

○

○

○

○

○

○

○

○

○

○

○

○

○

| M | T | W | T | F | S | S |
|---|---|---|---|---|---|---|
| | | 1 | 2 | 3 | 4 | 5 |
| 6 | 7 | 8 | 9 | 10 | 11 | 12 |
| 13 | 14 | 15 | 16 | 17 | 18 | 19 |
| 20 | 21 | 22 | 23 | 24 | 25 | 26 |
| 27 | 28 | 29 | 30 | 31 | | |

6 MONDAY

7 TUESDAY

8 WEDNESDAY

9 THURSDAY

DECEMBER

WK 49

## 10 FRIDAY

## 11 SATURDAY

## 12 SUNDAY

*Notes*

*To-Do*

○

○

○

○

○

○

○

○

○

○

○

○

○

| M | T | W | T | F | S | S |
|---|---|---|---|---|---|---|
| | | 1 | 2 | 3 | 4 | 5 |
| 6 | 7 | 8 | 9 | 10 | 11 | 12 |
| 13 | 14 | 15 | 16 | 17 | 18 | 19 |
| 20 | 21 | 22 | 23 | 24 | 25 | 26 |
| 27 | 28 | 29 | 30 | 31 | | |

13 MONDAY

14 TUESDAY

15 WEDNESDAY

16 THURSDAY

## 17 FRIDAY

## 18 SATURDAY

## 19 SUNDAY

*Notes*

*To-Do*

○
○
○
○
○
○
○
○
○
○
○
○
○

| M | T | W | T | F | S | S |
|---|---|---|---|---|---|---|
| | | 1 | 2 | 3 | 4 | 5 |
| 6 | 7 | 8 | 9 | 10 | 11 | 12 |
| 13 | 14 | 15 | 16 | 17 | 18 | 19 |
| 20 | 21 | 22 | 23 | 24 | 25 | 26 |
| 27 | 28 | 29 | 30 | 31 | | |

20 MONDAY

21 TUESDAY

22 WEDNESDAY

23 THURSDAY

DECEMBER

WK 51

## 24 FRIDAY

## 25 SATURDAY

## 26 SUNDAY

*Notes*

*To-Do*

- ○
- ○
- ○
- ○
- ○
- ○
- ○
- ○
- ○
- ○
- ○
- ○
- ○

| M | T | W | T | F | S | S |
|---|---|---|---|---|---|---|
| | | 1 | 2 | 3 | 4 | 5 |
| 6 | 7 | 8 | 9 | 10 | 11 | 12 |
| 13 | 14 | 15 | 16 | 17 | 18 | 19 |
| 20 | 21 | 22 | 23 | 24 | 25 | 26 |
| 27 | 28 | 29 | 30 | 31 | | |

27 MONDAY

28 TUESDAY

29 WEDNESDAY

30 THURSDAY

DECEMBER

WK 52

31 FRIDAY

1 SATURDAY

2 SUNDAY

*Notes*

*To-Do*

○
○
○
○
○
○
○
○
○
○
○
○
○

| M | T | W | T | F | S | S |
|---|---|---|---|---|---|---|
| | | 1 | 2 | 3 | 4 | 5 |
| 6 | 7 | 8 | 9 | 10 | 11 | 12 |
| 13 | 14 | 15 | 16 | 17 | 18 | 19 |
| 20 | 21 | 22 | 23 | 24 | 25 | 26 |
| 27 | 28 | 29 | 30 | 31 | | |

| MONDAY | TUESDAY | WEDNESDAY | THURSDAY |
|---|---|---|---|
| 28 | 29 | 30 | 31 |
| 4 | 5 | 6 | 7 |
| 11 | 12 | 13 | 14 |
| 18 | 19 | 20 | 21 |
| 25 | 26 | 27 | 28 |

## JANUARY

| FRIDAY | SATURDAY | SUNDAY |
|---|---|---|
| 1 | 2 | 3 |
| 8 | 9 | 10 |
| 15 | 16 | 17 |
| 22 | 23 | 24 |
| 29 | 30 | 31 |

| MONDAY | TUESDAY | WEDNESDAY | THURSDAY |
|---|---|---|---|
| 1 | 2 | 3 | 4 |
| 8 | 9 | 10 | 11 |
| 15 | 16 | 17 | 18 |
| 22 | 23 | 24 | 25 |
| 1 | 2 | 3 | 4 |

FEBRUARY

| FRIDAY | SATURDAY | SUNDAY |
|---|---|---|
| 5 | 6 | 7 |
| 12 | 13 | 14 |
| 19 | 20 | 21 |
| 26 | 27 | 28 |
| 5 | 6 | 7 |

| MONDAY | TUESDAY | WEDNESDAY | THURSDAY |
|---|---|---|---|
| 1 | 2 | 3 | 4 |
| 8 | 9 | 10 | 11 |
| 15 | 16 | 17 | 18 |
| 22 | 23 | 24 | 25 |
| 29 | 30 | 31 | 1 |

## MARCH

| FRIDAY | SATURDAY | SUNDAY |
|---|---|---|
| 5 | 6 | 7 |
| 12 | 13 | 14 |
| 19 | 20 | 21 |
| 26 | 27 | 28 |
| 2 | 3 | 4 |

| MONDAY | TUESDAY | WEDNESDAY | THURSDAY |
|---|---|---|---|
| 29 | 30 | 31 | 1 |
| 5 | 6 | 7 | 8 |
| 12 | 13 | 14 | 15 |
| 19 | 20 | 21 | 22 |
| 26 | 27 | 28 | 29 |

## APRIL

| FRIDAY | SATURDAY | SUNDAY |
| --- | --- | --- |
| 2 | 3 | 4 |
| 9 | 10 | 11 |
| 16 | 17 | 18 |
| 23 | 24 | 25 |
| 30 | 1 | 2 |

| MONDAY | TUESDAY | WEDNESDAY | THURSDAY |
|---|---|---|---|
| 26 | 27 | 28 | 29 |
| 3 | 4 | 5 | 6 |
| 10 | 11 | 12 | 13 |
| 17 | 18 | 19 | 20 |
| 24 / 31 | 25 | 26 | 27 |

# MAY

| FRIDAY | SATURDAY | SUNDAY |
|---|---|---|
| 30 | 1 | 2 |
| 7 | 8 | 9 |
| 14 | 15 | 16 |
| 21 | 22 | 23 |
| 28 | 29 | 30 |

| MONDAY | TUESDAY | WEDNESDAY | THURSDAY |
|---|---|---|---|
| 31 | 1 | 2 | 3 |
| 7 | 8 | 9 | 10 |
| 14 | 15 | 16 | 17 |
| 21 | 22 | 23 | 24 |
| 28 | 29 | 30 | 1 |

## JUNE

| FRIDAY | SATURDAY | SUNDAY |
|---|---|---|
| 4 | 5 | 6 |
| 11 | 12 | 13 |
| 18 | 19 | 20 |
| 25 | 26 | 27 |
| 2 | 3 | 4 |

| MONDAY | TUESDAY | WEDNESDAY | THURSDAY |
|---|---|---|---|
| 28 | 29 | 30 | 1 |
| 5 | 6 | 7 | 8 |
| 12 | 13 | 14 | 15 |
| 19 | 20 | 21 | 22 |
| 26 | 27 | 28 | 29 |

JULY

| FRIDAY | SATURDAY | SUNDAY |
| --- | --- | --- |
| 2 | 3 | 4 |
| 9 | 10 | 11 |
| 16 | 17 | 18 |
| 23 | 24 | 25 |
| 30 | 31 | 1 |

| MONDAY | TUESDAY | WEDNESDAY | THURSDAY |
|---|---|---|---|
| 26 | 27 | 28 | 29 |
| 2 | 3 | 4 | 5 |
| 9 | 10 | 11 | 12 |
| 16 | 17 | 18 | 19 |
| 23 / 30 | 24 / 31 | 25 | 26 |

# AUGUST

| FRIDAY | SATURDAY | SUNDAY |
| --- | --- | --- |
| 30 | 31 | 1 |
| 6 | 7 | 8 |
| 13 | 14 | 15 |
| 20 | 21 | 22 |
| 27 | 28 | 29 |

| MONDAY | TUESDAY | WEDNESDAY | THURSDAY |
| --- | --- | --- | --- |
| 30 | 31 | 1 | 2 |
| 6 | 7 | 8 | 9 |
| 13 | 14 | 15 | 16 |
| 20 | 21 | 22 | 23 |
| 27 | 28 | 29 | 30 |

## SEPTEMBER

| FRIDAY | SATURDAY | SUNDAY |
|---|---|---|
| 3 | 4 | 5 |
| 10 | 11 | 12 |
| 17 | 18 | 19 |
| 24 | 25 | 26 |
| 1 | 2 | 3 |

| MONDAY | TUESDAY | WEDNESDAY | THURSDAY |
| --- | --- | --- | --- |
| 27 | 28 | 29 | 30 |
| 4 | 5 | 6 | 7 |
| 11 | 12 | 13 | 14 |
| 18 | 19 | 20 | 21 |
| 25 | 26 | 27 | 28 |

## OCTOBER

| FRIDAY | SATURDAY | SUNDAY |
|---|---|---|
| 1 | 2 | 3 |
| 8 | 9 | 10 |
| 15 | 16 | 17 |
| 22 | 23 | 24 |
| 29 | 30 | 31 |

| MONDAY | TUESDAY | WEDNESDAY | THURSDAY |
|---|---|---|---|
| 1 | 2 | 3 | 4 |
| 8 | 9 | 10 | 11 |
| 15 | 16 | 17 | 18 |
| 22 | 23 | 24 | 25 |
| 29 | 30 | 1 | 2 |

## NOVEMBER

| FRIDAY | SATURDAY | SUNDAY |
|---|---|---|
| 5 | 6 | 7 |
| 12 | 13 | 14 |
| 19 | 20 | 21 |
| 26 | 27 | 28 |
| 3 | 4 | 5 |

| MONDAY | TUESDAY | WEDNESDAY | THURSDAY |
|---|---|---|---|
| 29 | 30 | 1 | 2 |
| 6 | 7 | 8 | 9 |
| 13 | 14 | 15 | 16 |
| 20 | 21 | 22 | 23 |
| 27 | 28 | 29 | 30 |

## DECEMBER

| FRIDAY | SATURDAY | SUNDAY |
| --- | --- | --- |
| 3 | 4 | 5 |
| 10 | 11 | 12 |
| 17 | 18 | 19 |
| 24 | 25 | 26 |
| 31 | 1 | 2 |

| | MON | TUE | WED | THU | FRI | SAT | SUN |
|---|---|---|---|---|---|---|---|
| | | | | | | | |
| | | | | | | | |
| | | | | | | | |
| | | | | | | | |
| | | | | | | | |
| | | | | | | | |
| | | | | | | | |
| | | | | | | | |
| | | | | | | | |
| | | | | | | | |
| | | | | | | | |
| | | | | | | | |
| | | | | | | | |
| | | | | | | | |
| | | | | | | | |
| | | | | | | | |
| | | | | | | | |
| | | | | | | | |
| | | | | | | | |
| | | | | | | | |
| | | | | | | | |
| | | | | | | | |
| | | | | | | | |
| | | | | | | | |
| | | | | | | | |
| | | | | | | | |
| | | | | | | | |

# WEEKLY SCHEDULE

| | MON | TUE | WED | THU | FRI | SAT | SUN |
|---|---|---|---|---|---|---|---|
| | | | | | | | |
| | | | | | | | |
| | | | | | | | |
| | | | | | | | |
| | | | | | | | |
| | | | | | | | |
| | | | | | | | |
| | | | | | | | |
| | | | | | | | |
| | | | | | | | |
| | | | | | | | |
| | | | | | | | |
| | | | | | | | |
| | | | | | | | |
| | | | | | | | |
| | | | | | | | |
| | | | | | | | |
| | | | | | | | |
| | | | | | | | |
| | | | | | | | |
| | | | | | | | |
| | | | | | | | |
| | | | | | | | |
| | | | | | | | |
| | | | | | | | |
| | | | | | | | |
| | | | | | | | |

| Date: | Subject: |
|---|---|
| Participants: | |
| | |

Notes

| Date: | Subject: |
|---|---|
| Participants: | |
| | |

Notes

# MEETING NOTES

| Date: | Subject: |
|---|---|
| Participants: | |
| | |

Notes

| |
|---|
| |
| |
| |
| |
| |
| |
| |
| |
| |
| |
| |
| |

| Date: | Subject: |
|---|---|
| Participants: | |
| | |

Notes

| |
|---|
| |
| |
| |
| |
| |
| |
| |
| |
| |
| |
| |
| |
| |

| Date: | Subject: |
|---|---|
| Participants: | |
| | |

Notes

| Date: | Subject: |
|---|---|
| Participants: | |
| | |

Notes

# MEETING NOTES

| Date: | Subject: |
|---|---|
| Participants: | |
| | |

Notes

| Date: | Subject: |
|---|---|
| Participants: | |
| | |

Notes

| Date: | Subject: |
|---|---|
| Participants: | |
| | |

Notes

| Date: | Subject: |
|---|---|
| Participants: | |
| | |

Notes

# MEETING NOTES

| Date: | Subject: |
|---|---|
| Participants: | |
| | |

Notes

| Date: | Subject: |
|---|---|
| Participants: | |
| | |

Notes

| Date: | Subject: |
|---|---|
| Participants: | |
| | |

Notes

| |
|---|
| |
| |
| |
| |
| |
| |
| |
| |
| |
| |
| |
| |

| Date: | Subject: |
|---|---|
| Participants: | |
| | |

Notes

| |
|---|
| |
| |
| |
| |
| |
| |
| |
| |
| |
| |
| |
| |
| |

# MEETING NOTES

| Date: | Subject: |
|---|---|
| Participants: | |
| | |

Notes

| Date: | Subject: |
|---|---|
| Participants: | |
| | |

Notes

| | Date | Description of Expense | Category | Amount | Payment Type |
|---|---|---|---|---|---|
| 1 | | | | | |
| 2 | | | | | |
| 3 | | | | | |
| 4 | | | | | |
| 5 | | | | | |
| 6 | | | | | |
| 7 | | | | | |
| 8 | | | | | |
| 9 | | | | | |
| 10 | | | | | |
| 11 | | | | | |
| 12 | | | | | |
| 13 | | | | | |
| 14 | | | | | |
| 15 | | | | | |
| 16 | | | | | |
| 17 | | | | | |
| 18 | | | | | |
| 19 | | | | | |
| 20 | | | | | |
| 21 | | | | | |
| 22 | | | | | |
| 23 | | | | | |
| 24 | | | | | |
| 25 | | | | | |
| 26 | | | | | |
| 27 | | | | | |
| 28 | | | | | |
| 29 | | | | | |
| 30 | | | | | |

# EXPENSE TRACKER

| | Date | Description of Expense | Category | Amount | Payment Type |
|---|---|---|---|---|---|
| 31 | | | | | |
| 32 | | | | | |
| 33 | | | | | |
| 34 | | | | | |
| 35 | | | | | |
| 36 | | | | | |
| 37 | | | | | |
| 38 | | | | | |
| 39 | | | | | |
| 40 | | | | | |
| 41 | | | | | |
| 42 | | | | | |
| 43 | | | | | |
| 44 | | | | | |
| 45 | | | | | |
| 46 | | | | | |
| 47 | | | | | |
| 48 | | | | | |
| 49 | | | | | |
| 50 | | | | | |
| 51 | | | | | |
| 52 | | | | | |
| 53 | | | | | |
| 54 | | | | | |
| 55 | | | | | |
| 56 | | | | | |
| 57 | | | | | |
| 58 | | | | | |
| 59 | | | | | |
| 60 | | | | | |

| | Date | Description of Expense | Category | Amount | Payment Type |
|---|---|---|---|---|---|
| 61 | | | | | |
| 62 | | | | | |
| 63 | | | | | |
| 64 | | | | | |
| 65 | | | | | |
| 66 | | | | | |
| 67 | | | | | |
| 68 | | | | | |
| 69 | | | | | |
| 70 | | | | | |
| 71 | | | | | |
| 72 | | | | | |
| 73 | | | | | |
| 74 | | | | | |
| 75 | | | | | |
| 76 | | | | | |
| 77 | | | | | |
| 78 | | | | | |
| 79 | | | | | |
| 80 | | | | | |
| 81 | | | | | |
| 82 | | | | | |
| 83 | | | | | |
| 84 | | | | | |
| 85 | | | | | |
| 86 | | | | | |
| 87 | | | | | |
| 88 | | | | | |
| 89 | | | | | |
| 90 | | | | | |

# EXPENSE TRACKER

| | Date | Description of Expense | Category | Amount | Payment Type |
|---|---|---|---|---|---|
| 91 | | | | | |
| 92 | | | | | |
| 93 | | | | | |
| 94 | | | | | |
| 95 | | | | | |
| 96 | | | | | |
| 97 | | | | | |
| 98 | | | | | |
| 99 | | | | | |
| 100 | | | | | |
| 101 | | | | | |
| 102 | | | | | |
| 103 | | | | | |
| 104 | | | | | |
| 105 | | | | | |
| 106 | | | | | |
| 107 | | | | | |
| 108 | | | | | |
| 109 | | | | | |
| 110 | | | | | |
| 111 | | | | | |
| 112 | | | | | |
| 113 | | | | | |
| 114 | | | | | |
| 115 | | | | | |
| 116 | | | | | |
| 117 | | | | | |
| 118 | | | | | |
| 119 | | | | | |
| 120 | | | | | |

## NOTES

# NOTES

## NOTES

# NOTES

# CONTACTS

@

@

@

@

@

@

@

@

@

@

@

@

@

@

@

@

# CONTACTS

www.ingramcontent.com/pod-product-compliance
Lightning Source LLC
LaVergne TN
LVHW081718210726
843527LV00006B/330
* 9 7 8 3 9 4 7 8 0 8 7 1 7 *